WAHRHEIT ODER VORURTEIL?

Auch nach vielen Jahren bleibt manches am Partner / an der Partnerin rätselhaft.

TB 4

WAHRHEIT ODER VORURTEIL?

Gutes Aussehen ist für
Männer genauso wichtig
wie für Frauen.

TB 4

WAHRHEIT ODER VORURTEIL?

Irgendwo gibt es den
einen Menschen, der perfekt
zu einem passt.

TB 4

WAHRHEIT ODER VORURTEIL?

Viele trennen sich,
weil sie sich im anderen
getäuscht haben.

TB 4

WAHRHEIT ODER VORURTEIL?

Kinder sind die größte Gefährdung für die Partnerschaft.

TB 4

WAHRHEIT ODER VORURTEIL?

Kinder sind der größte Schatz für die Partnerschaft.

TB 4

WAHRHEIT ODER VORURTEIL?

Treue ist doch eine Illusion.

TB 4

WAHRHEIT ODER VORURTEIL?

Wer lange verheiratet ist,
hat keinen Sex mehr.

TB 4

WAHRHEIT ODER VORURTEIL?

»Bis dass der Tod euch scheidet« sollte durch »Solange es gut geht« ersetzt werden.

TB 4

WAHRHEIT ODER VORURTEIL?

Partner:innen dürfen keine Geheimnisse voreinander haben.

TB 4

WAHRHEIT ODER VORURTEIL?

Typisch Mann,
typisch Frau – es gibt
nun mal den Unterschied.

TB 4

WAHRHEIT ODER VORURTEIL?

Irgendwann zieht in jede
Partnerschaft der Trott ein.

TB 4

WAHRHEIT ODER VORURTEIL?

In einer festen Beziehung kann man sich auch mal ein bisschen gehen lassen.

TB 4

WIE SCHÄTZT DU MICH EIN?

Das macht mich eifersüchtig:

...

TB 4

WIE SCHÄTZT DU MICH EIN?

Könnte ich mein Leben noch mal von vorn anfangen, würde ich auf jeden Fall ...

TB 4

WIE SCHÄTZT DU MICH EIN?

Der schlimmste Verlust meines Lebens war ...

TB 4

WIE SCHÄTZT DU MICH EIN?

Das macht mich richtig wütend: ...

TB 4

WIE SCHÄTZT DU MICH EIN?

Die größte Enttäuschung meines Lebens war ...

TB 4

WIE SCHÄTZT DU MICH EIN?

Ich würde mir schrecklich gern abgewöhnen ...

TB 4

WIE SCHÄTZT DU MICH EIN?

Du machst mir die größte Freude, wenn …

… du mich lobst/mir Komplimente machst.

… du mir viel Zeit schenkst.

… du mir ein Überraschungsgeschenk machst.

… du mich unterstützt, wenn ich dich brauche.

… du mich einfach so in den Arm nimmst.

TB 4

WIE SCHÄTZT DU MICH EIN?

Auf Partys ...

... fühle ich mich oft unsicher.
... ist Smalltalk für mich kein Problem.
... suche ich mir schnell Leute, die ich kenne.
... könnte ich gut verzichten.

TB 4

WIE SCHÄTZT DU MICH EIN?

Dafür darfst du mich nachts um drei Uhr wecken: ...

TB 4

WIE SCHÄTZT DU MICH EIN?

10.000 Euro geerbt –
was mache ich wohl damit?

TB 4

WIE SCHÄTZT DU MICH EIN?

Das wollte ich dich immer schon mal fragen: …

TB 4

WIE SCHÄTZT DU MICH EIN?

Worauf bin ich ganz schön stolz?

TB 4

WIE SCHÄTZT DU MICH EIN?

Das stresst mich wirklich: ...

TB 4

GEHT – GEHT NICHT

Verliebtheit verschwindet – Hauptsache, die Liebe bleibt.

TB 4

GEHT – GEHT NICHT

Bei Paarproblemen soll man sich fachliche Hilfe suchen.

TB 4

GEHT – GEHT NICHT

»Arzt heiratet Kranken-
schwester« ist okay, aber
»Ärztin heiratet Kranken-
pfleger« kann nicht gut gehen.

TB 4

GEHT – GEHT NICHT

Es ist gut, wenn ein Paar erst einmal einen räumlichen Abstand zu seinen Eltern hat.

TB 4

GEHT – GEHT NICHT

Anderer Glaube und andere Kultur? Auf Dauer geht das nicht gut.

TB 4

GEHT – GEHT NICHT

Lieber ein paar schicke Möbel auf Pump kaufen, als in dem alten Kram leben.

TB 4

GEHT – GEHT NICHT

Schon im Studium/
in der Ausbildung Kinder
zu bekommen, ist doch
ganz okay.

TB 4

GEHT – GEHT NICHT

Wenn man Probleme hat, kann es hilfreich sein, mit den Eltern über den Partner/die Partnerin zu sprechen.

GEHT – GEHT NICHT

Den Exfreund / die Exfreundin kann man ruhig zu seiner Geburtstagfeier einladen.

TB 4

SAG MAL EHRLICH

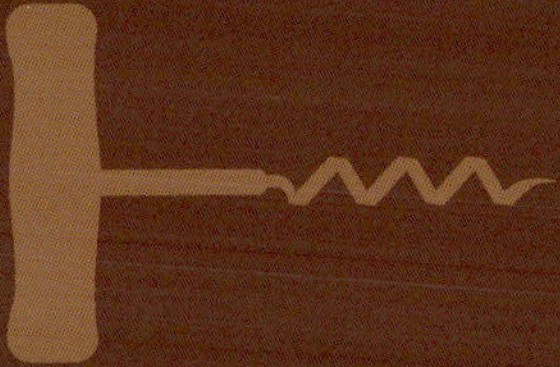

Beruf

- Mann und Frau sollten sich gleich stark im Beruf engagieren.
- Wenn die Kinder kommen, sollte die Frau erst einmal zu Hause bleiben.
- Wenn der Beruf es nötig macht, würde ich eine Wochenendbeziehung akzeptieren.

TB 4

SAG MAL EHRLICH

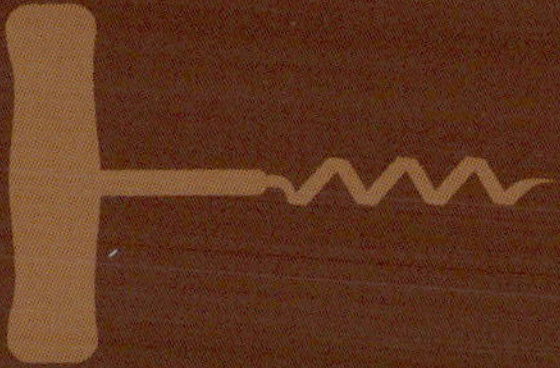

Streiten

- Ich hasse es, wenn laut gestritten wird.
- Man muss doch sagen dürfen, was man denkt.
- Beim Streiten habe ich oft das Gefühl nachzugeben.
- Versöhnung ja, aber keine faulen Kompromisse!
- Beleidigtes Schweigen? – Das ist für mich das Letzte!

TB 4

SAG MAL EHRLICH

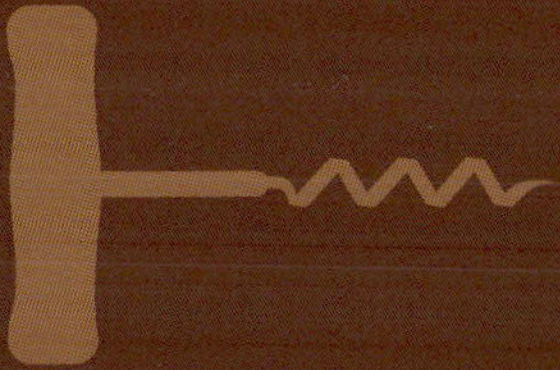

Weihnachten …

… ist doch eine riesige Geschäfte-
macherei.

… ist die schönste Zeit des Jahres.

… will ich immer mit der ganzen
Familie feiern.

… gehe ich immer in die Kirche.

TB 4

SAG MAL EHRLICH

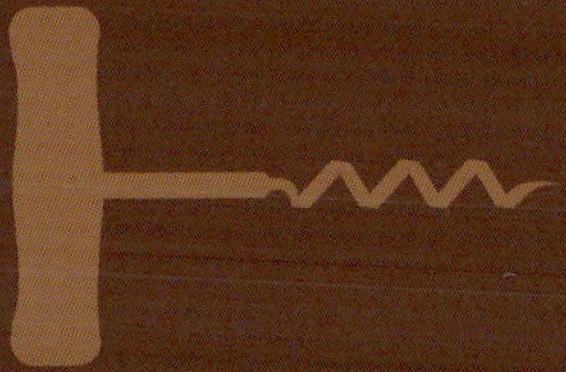

Geld

- Geld ist doch gar nicht so wichtig.
- Ich bin schon immer mit wenig Geld ausgekommen.
- Schulden machen? – Auf gar keinen Fall!
- Mir ist schon wichtig, »ordentlich« Geld zu verdienen.
- Ein monatlicher Finanzplan bringt's.

TB 4

SAG MAL EHRLICH

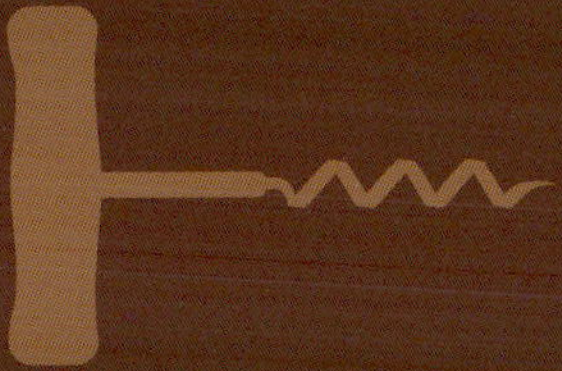

Wohnung

- Ich kann mir vorstellen, im Ausland zu leben.
- Die Wohnung ist nicht so wichtig. Hauptsache, wir haben uns.
- Ich brauche ein schönes Nest.
- Ordnung ist das halbe Leben.

SAG MAL EHRLICH

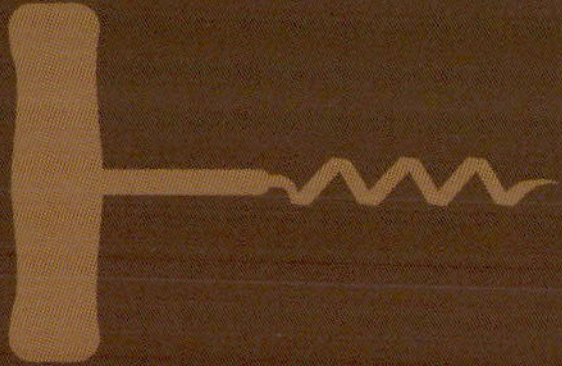

Freunde

- Meine Freunde sind auch deine Freunde.
- Die beste Freundin der Frau kann auch ein Mann sein./Der beste Freund des Mannes kann auch eine Frau sein.
- Jeder der Partner:innen sollte in seiner Freizeit auch etwas ohne den anderen / die andere unternehmen.

TB 4

SAG MAL EHRLICH

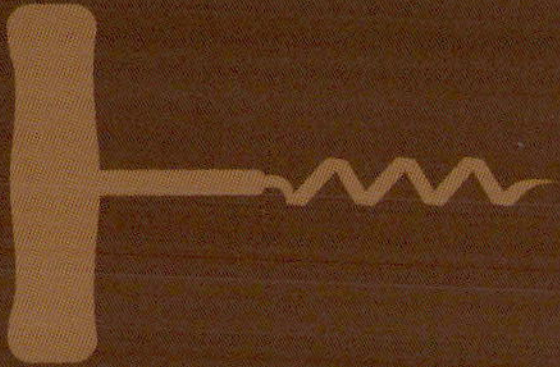

Haushalt

- Darüber muss man doch gar nicht reden. Das ergibt sich irgendwie.
- Alle Aufgaben werden redlich geteilt.
- In Sachen Haushalt müssen klare Absprachen her.
- In Sachen Haushalt sind Frauen nun mal besser.

TB 4

SAG MAL EHRLICH

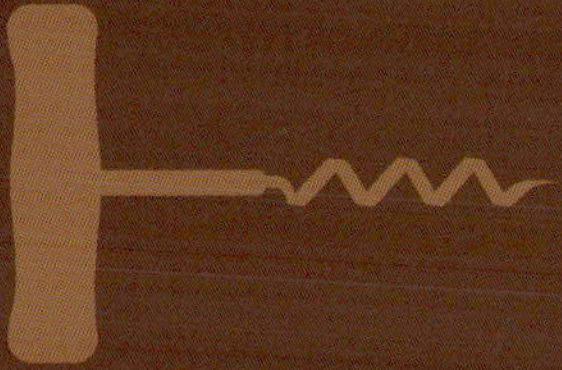

Deine Familie – meine Familie

- Mit den Schwiegereltern (in spe) in Urlaub fahren? Warum nicht?
- Geburtstage feiert man mit der ganzen Familie.
- Ich kann mir gut vorstellen, mit drei Generationen unter einem Dach zu leben.
- Lieber 500 km von den Eltern entfernt wohnen, als »nur um die Ecke«.

TB 4

SAG MAL EHRLICH

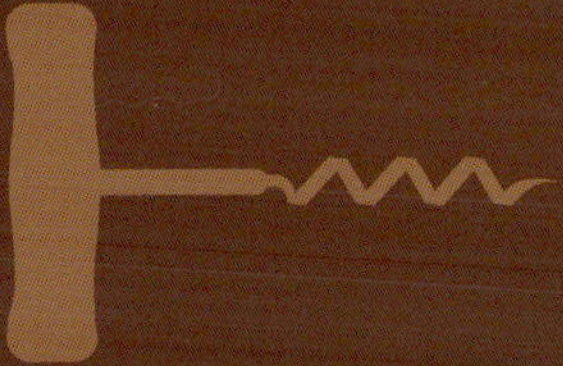

Glaube

- Ob oder was ich glaube, hat nichts mit unserer Beziehung zu tun.
- Mein Glaube ist mir sehr wichtig.
- Ich schätze die Rituale, die zum Glauben gehören.
- Erst bei der Kindererziehung wird der Glaube wichtig.
- Der Glaube ist nicht mein Ding.

TB 4

SAG MAL EHRLICH

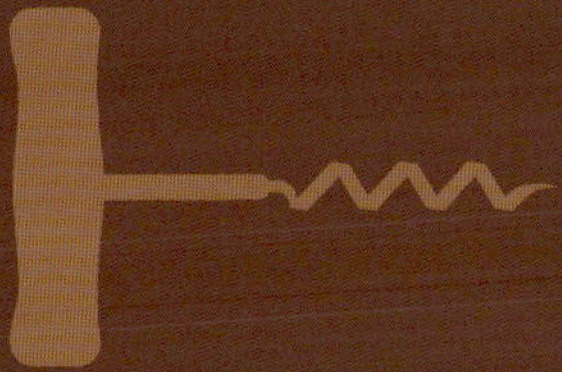

Wenn wir miteinander reden ...

... fehlen mir oft die Worte.

... fühle ich mich oft unter Druck gesetzt.

... habe ich gern das letzte Wort.

... beginne ich oft, mich zu rechtfertigen.

... klären sich die Dinge schnell.

... gehen uns nie die Themen aus.

TB 4

SAG MAL EHRLICH

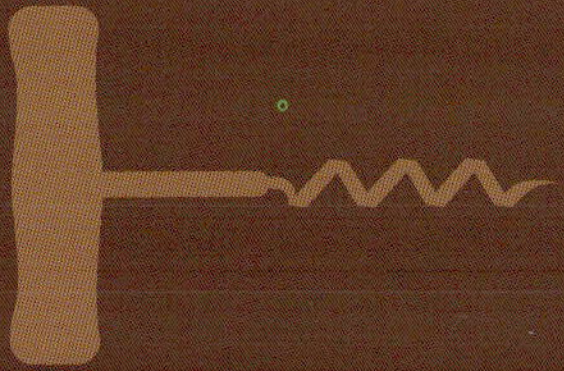

Sex ...

... ist für Männer ganz was anderes als für Frauen.

... wird viel zu wichtig genommen.

... sollte kein Tabuthema sein.

... kann man nie genug haben.

... kann man auch außerhalb der Beziehung haben.

... ohne Liebe kann ich mir nicht vorstellen.

TB 4

WENN ES DICH NICHT GÄBE, WÜRDE ICH DICH ERFINDEN

Manchmal schaue ich dich an und denke: ...

TB 4

WENN ES DICH NICHT GÄBE, WÜRDE ICH DICH ERFINDEN

Ein Leben ohne dich wäre für mich …

TB 4

WENN ES DICH NICHT GÄBE,
WÜRDE ICH DICH ERFINDEN

Ich genieße es immer besonders, wenn wir

...

TB 4

WENN ES DICH NICHT GÄBE,
WÜRDE ICH DICH ERFINDEN

Richtig genial finde ich,
dass du …

TB 4

WENN ES DICH NICHT GÄBE,
WÜRDE ICH DICH ERFINDEN

So richtig verliebt in dich habe ich mich, als …

TB 4

WENN ES DICH NICHT GÄBE, WÜRDE ICH DICH ERFINDEN

Als ich dich das erste Mal sah, dachte ich ...

TB 4

WENN ES DICH NICHT GÄBE, WÜRDE ICH DICH ERFINDEN

Wir ergänzen uns so gut, weil …

TB 4

WENN ES DICH NICHT GÄBE,
WÜRDE ICH DICH ERFINDEN

Wenn du mich in den Arm nimmst, fühle ich mich …

TB 4

WENN ES DICH NICHT GÄBE,
WÜRDE ICH DICH ERFINDEN

Habe ich mich eigentlich schon dafür bedankt, dass du ...?

TB 4

WENN ES DICH NICHT GÄBE, WÜRDE ICH DICH ERFINDEN

In einer Kontaktanzeige würde ich dich so beschreiben:

...

TB 4

WENN ES DICH NICHT GÄBE, WÜRDE ICH DICH ERFINDEN

Ich glaube, du liebst an mir besonders …

TB 4

DAS NERVT!

Wenn ich an unsere Zukunft denke, sind unsere größten Herausforderungen bestimmt …

TB 4

DAS NERVT!

Ich könnte überhaupt nicht akzeptieren, wenn du …

TB 4

DAS NERVT!

Bloß nicht!

- Weiße Socken in Sandalen
- Pornos
- Übergewicht
- Kaninchen im Wohnzimmer
- Schnarchen

TB 4

KURZ & KNAPP

Heiraten bedeutet …

TB 4

KURZ & KNAPP

Treue ist …

TB 4

KURZ & KNAPP

Mein größtes Glück wäre ...

TB 4

KURZ & KNAPP

Mein größtes Unglück wäre …

TB 4

KURZ & KNAPP

Einen Beruf zu haben ...

TB 4

KURZ & KNAPP

Meine Eltern und Geschwister bedeuten mir ...

TB 4

KURZ & KNAPP

Erotik ist ...

TB 4

KURZ & KNAPP

Sex ist …

TB 4

KURZ & KNAPP

Glaube ist für mich ...

TB 4

KURZ & KNAPP

Kinder sind für mich ...

TB 4

KURZ & KNAPP

Superpeinlich ist mir …

TB 4

KURZ & KNAPP

Romantisch finde ich ...

TB 4

KURZ & KNAPP

Einander zu vertrauen bedeutet

...

TB 4

KURZ & KNAPP

Gemeinsam zu lachen ist ...

TB 4

UNTERSCHREIBST DU DIESEN SATZ?

Heiraten oder unverheiratet zusammenleben? – Hauptsache, die Liebe stimmt!

TB 4

UNTERSCHREIBST DU DIESEN SATZ?

Mütter und Väter sind gleich wichtig für die Kinder.

TB 4

UNTERSCHREIBST DU DIESEN SATZ?

Wer Alkohol trinkt, kann doch nicht gegen Kiffen sein.

TB 4

UNTERSCHREIBST DU DIESEN SATZ?

Geld macht doch glücklich!

TB 4

UNTERSCHREIBST DU DIESEN SATZ?

Bevor man eine Familie gründet, muss man beruflich schon einiges erreicht haben.

TB 4

UNTERSCHREIBST DU DIESEN SATZ?

Wer sich liebt,
braucht nicht viele Worte.

TB 4

UNTERSCHREIBST DU DIESEN SATZ?

Wer seinen Partner/ seine Partnerin kennt, spürt, was er/sie braucht.

TB 4

UNTERSCHREIBST DU DIESEN SATZ?

Besser ein Ehevertrag als ein böses Erwachen.

TB 4

UNTERSCHREIBST DU DIESEN SATZ?

Mann und Frau sollten
alle Aufgaben, die Haushalt
und Kinder betreffen,
ganz gerecht verteilen.

TB 4

UNTERSCHREIBST DU DIESEN SATZ?

Gegensätze ziehen sich an? Das geht doch nur am Anfang gut.

TB 4

VOR DEINER ZEIT

Dein Exfreund / deine Exfreundin interessiert mich (nicht), weil …

TB 4

VOR DEINER ZEIT

Meine Schulzeit ist/
war für mich …

TB 4

VOR DEINER ZEIT

Meine Kindergeburtstage waren für mich …

TB 4

VOR DEINER ZEIT

Richtig lustig fand ich als Kind …

TB 4

VOR DEINER ZEIT

Das erste Buch, das ich selbst gelesen habe …

TB 4

VOR DEINER ZEIT

Peinlich, aber wahr: ...

TB 4

VOR DEINER ZEIT

Richtig Ärger habe ich mal bekommen, als ...

TB 4

VOR DEINER ZEIT

Als kleines Mädchen/
kleiner Junge wollte ich
unbedingt ... werden.

TB 4

VOR DEINER ZEIT

Meine erste Liebe ...

TB4

VOR DEINER ZEIT

Die Sonntagnachmittage meiner Kindheit ...

TB 4

WENN ICH AN
DIE ZUKUNFT DENKE

In fünf Jahren würde ich gern mit dir …

TB 4

WENN ICH AN
DIE ZUKUNFT DENKE

Wir bleiben ein richtig gutes Team, wenn …

TB 4

WENN ICH AN
DIE ZUKUNFT DENKE

Ich freue ich mich auf Urlaube,
in denen wir ...

TB 4

WENN ICH AN
DIE ZUKUNFT DENKE

Ich habe Angst, dass wir all die Probleme bekommen, die unsere Eltern auch schon hatten.

TB 4

WENN ICH AN
DIE ZUKUNFT DENKE

»Gott ist in unserm Bund der Dritte.« – Wie siehst du das?

TB 4

WENN ICH AN
DIE ZUKUNFT DENKE

Ich kann mir gut vorstellen, dass du mal ein toller Papa/ eine tolle Mama sein wirst.

TB 4

WENN ICH AN DIE ZUKUNFT DENKE

So wie X und Y würde ich gern mit dir alt werden.

TB 4

WENN ICH AN
DIE ZUKUNFT DENKE

Mit dir könnte ich auch in Honululu leben.

TB 4

WENN ICH AN
DIE ZUKUNFT DENKE

In unserer Freizeit werden wir bestimmt …

TB 4

EIN UNBEDINGTES MUSS?

Ein Heiratsantrag muss vom Mann gemacht werden.

TB 4

EIN UNBEDINGTES MUSS?

Ein »Muss« bei einem richtigen Weihnachtsfest ist

...

TB 4

EIN UNBEDINGTES MUSS?

Meine Hochzeit muss eine »Traumhochzeit« sein.

TB 4

EIN UNBEDINGTES MUSS?

Der Partner ist auch
der beste Freund. /
Die Partnerin ist auch
die beste Freundin.

TB 4

EIN UNBEDINGTES MUSS?

Zum Sex müssen beide
Lust haben.

TB 4

EIN UNBEDINGTES MUSS?

Zu einer festen Partnerschaft gehören auf jeden Fall Kinder.

TB 4

EIN UNBEDINGTES MUSS?

Untreue zerstört immer
die Beziehung.

TB 4

EIN UNBEDINGTES MUSS?

Ein Konto muss immer im Plus sein.

TB 4

EIN UNBEDINGTES MUSS?

Paare haben ein gemeinsames Konto.

TB 4

EIN UNBEDINGTES MUSS?

Getrennt Urlaub zu machen, ist der Anfang vom Ende.

TB 4

EIN UNBEDINGTES MUSS?

Ein kleines Geschenk
muss ab und zu sein.

TB 4

DAS NERVT!

Für unsere Gespräche wünsche ich mir …

TB 4

DAS NERVT!

Wenn ich zaubern könnte, würde ich diese Sache in unserer Beziehung verändern:

...

TB 4

DAS NERVT!

Wenn ich an deine/
meine Familie denke, stört
mich manchmal ...

TB 4

DAS NERVT!

Wenn wir beide frei haben,
vermisse ich ...

TB 4

DAS NERVT!

Manchmal wünsche ich mir mehr ...

TB 4

DAS NERVT!

Es macht mich traurig, wenn …

TB 4